Erika Bo

Fröhliche Löffel-Figuren

CREATIV COMPACT

CHRISTOPHORUS

Inhalt

Nicht nur zum Kochen

Normalerweise verwendet man einen Kochlöffel zum Umrühren von Speisen. Dass man mit Holzkochlöffeln aber noch etwas anderes machen kann, zeige ich Ihnen in diesem Buch. Im Nu entstehen kleine witzige Figuren, für die das „Ab in die Küche" nicht gilt. Diese Löffel führen kein trauriges Leben in irgendeiner Küchenschublade, sondern erfreuen uns als erheiternde Dekorationen: Lustige Raben begrüßen mit einem „Hallo" die Gäste, ein Vogelschwarm dreht sich als Mobile und eine Wichtelfamilie tummelt sich im Blumenkübel vor der Haustür. Ein Clown und ein Blumen-Mädchen wünschen Glück. Auch für Ostern und für Weihnachten sind Motive dabei. Die Palette reicht von „ruck-zuck-fertig" bis zu etwas aufwändigeren Motiven.

Als Dekoration, als Geschenk zum Geburtstag oder als kleines Mitbringsel – überall werden die originellen Figuren schnell Freunde finden.

Viel Spaß beim Basteln wünscht Ihnen

Erika Bock

Hinweise & Tipps

Kochlöffel

Die Abbildung zeigt die verschiedenen Formen und Größen der Holzkochlöffel, die in diesem Buch verwendet werden. Alle Löffel sind von 1 bis 7 durchnummeriert, bei den Einzelbeschreibungen ist die Nummer des verarbeiteten Kochlöffels angegeben. Im Handel werden die Kochlöffel nach ihrer Gesamtlänge gelistet, sie spielt bei der Gestaltung der Figuren jedoch keine Rolle.

Bitte beachten Sie: Die Größen und Formen der Kochlöffel variieren je nach Hersteller. Selbst die Löffel einer Größe desselben Herstellers können unterschiedlich ausfallen und bis zu 5 mm größer oder kleiner sein. Unsere Angaben sind daher nur Richtwerte.

Passen Sie die Vorlagen und die Ausgestaltung Ihren Kochlöffeln an, z. B. indem Sie die Vorlage mit dem Fotokopierer verkleinern bzw. vergrößern.

- Nr. 1: runde Schale, ca. 45 mm breit, Gesamtlänge etwa 20 oder 24 cm;
- Nr. 2: runde Schale, ca. 50 mm breit, Gesamtlänge etwa 32 cm;
- Nr. 3: ovale Schale, ca. 55 mm breit, Gesamtlänge etwa 35 cm;
- Nr. 4: ovale Schale, ca. 52 mm breit, Gesamtlänge etwa 30 cm;
- Nr. 5: spitze Schale, ca. 50 mm breit, Gesamtlänge etwa 25 cm;
- Nr. 6: Pfannenwender, ca. 60 mm breit; Gesamtlänge etwa 30 cm;
- Nr. 7: Pfannenwender mit Schlitzen, ca. 60 mm breit; Gesamtlänge etwa 30 cm.

Weitere Materialien & Hilfsmittel

Transparentpapier, Bleistift, Kohlepapier; Schere, Zackenschere; Schraubzwingen, Bohrmaschine, Holzbohrer, feines Schmirgelpapier; Laub- oder Dekupiersäge; UHU Holz expressleim, UHU plus schnellfest, Klebestift; Acrylfarben auf Wasserbasis, z. B. der Fa. C. Kreul, Flachpinsel Nr. 12, Pinsel Nr. 00, 1, 2, 6, 8; Filzstift in Schwarz, Buntstift in Weiß; Seitenschneider, Spitzzange, Stricknadel; Lineal.

Vorlagen übertragen

Bei Kochlöffeln und Holzkugeln die Linien mit Bleistift frei zeichnen, die Vorlage dient zur Orientierung. Linien mit Acrylfarben nachmalen.
Bei Papier Kohlepapier zwischen Vorlage und Werkmaterial legen und das Motiv mit einem Bleistift direkt durchpausen. Zum Übertragen auf Filz, Jute, Moosgummi oder Leder eine Schablone herstellen: Transparentpapier auf das Motiv legen und die Linien nachzeichnen. Das Papier mit Klebestift auf Karton kleben und ausschneiden. Die Schablone auf das Werkmaterial legen und mit einem Filzstift umfahren. Bei dunklem Filz einen weißen Buntstift verwenden.

Sägen und schmirgeln

Bei einigen Löffel-Figuren benötigen Sie eine Säge, z. B. eine Laubsäge mit Sägetisch und Schraubzwingen. Gerade Schnitte lassen sich damit einfach ausführen, für geschwungene Schnitte eignet sich eine Dekupiersäge sehr gut. Flächen und Kanten mit Schmirgelpapier glätten, dabei von der Fläche zur Kante hin arbeiten.

Bohren

Alle Bohrungen sind auf dem Vorlagebogen eingezeichnet. Kreuze markieren Bohrungen, die von der Fläche durch das Material hindurchgehen. Die mit einem Pfeil gekennzeichneten Bohrungen führen seitlich ins Holz.

Verleimen und Kleben

Zum Verleimen zweier Löffelkellen die Auflagefläche dünn mit Leim bestreichen, den anderen Löffel platzieren und beide mit Schraubzwingen zusammenpressen. *Wichtig:* Bei punktuellen Klebeflächen, z. B. zwischen Kopf und Körper, einen Zweikomponentenkleber nach Anleitung auf der Packung verwenden.

Alles Liebe

Material

- Kochlöffel Nr. 2, s. S. 4
- Fotokarton in Rot
- Filz in Rot, Grün
- Chenilledraht in Hellbraun
- Pailletten in Blütenform o. ä.
- Bunte Rocailles, 2 mm Ø
- Strohhut, 8 cm Ø
- Rest von Mohairwolle
- Nähgarn
- Nähnadel
- Filzstift in Schwarz
- Gelstift in Weiß
- Acrylfarben in Weiß, Rot, Schwarz

Vorlage A

1 Den Umhang vom Vorlagebogen auf Filz, das Herz auf Fotokarton übertragen und ausschneiden.

2 Blütenpailetten und Rocailles auf den Umhang nähen.

3 Augen, Nase und Mund auf den Kochlöffel malen, Wangen leicht mit dem Finger auftupfen.

4 Den Stiel des Kochlöffels durch die Halsöffnung des Umhangs stecken und den Umhang nach oben schlagen. Für die Arme die Mitte des Chenilledrahts mehrmals um den Stiel wickeln.

5 Mohairwolle bündeln, mittig abbinden und als Haare aufkleben. Strohhut fixieren und einen schmalen Filzstreifen als Schal umbinden.

6 Das Herz mit Filz- und Gelstift beschriften und den Umriss mit einer weißen Linie betonen. An die Enden des Chenilledrahts kleben.

ALLES
LiEBE

Neugierige Kätzchen

Material

- Kochlöffel Nr. 1, 2, 3, s. S. 4
- Fotokarton in Creme
- Bindedraht, 0,65 mm Ø
- Acrylfarben in Weiß, Cappuccino, Orange, Rosa, Rehbraun, Schwarz

Vorlagen
B1 – B3

1 Die Kochlöffel mit Acrylfarbe in Cappuccino flächig bemalen.

2 Schwänzchen und Ohren nach den Vorlagen aus cremefarbenem Fotokarton ausschneiden.

3 Gesichter aufmalen. Das Fellmuster mit Orange, Rehbraun oder einem aus Weiß und Schwarz gemischten Grau malen.

4 Die Löcher für die Barthaare bohren. 5 cm lange Drahtstücke jeweils an einem Ende mit der Zange u-förmig eng zusammendrücken und in die Bohrung stecken. Alle Barthaare nach außen biegen oder über eine Stricknadel zur Spirale wickeln.

5 Ohren und Schwänze aus Fotokarton an die Holzlöffel kleben.

Frohe Ostern

Material

Hasen
- Kochlöffel Nr. 4, s. S. 4
- Moosgummi in Orange, Grün, Braun
- Wackelaugen, 10 mm Ø
- Holzperle in Orange, 10 mm Ø
- Kokosfasern
- Stoffreste
- Bindedraht in Grün, 0,65 mm Ø
- Schaumstoffrest
- Acrylfarben in Weiß, Beige, Rot, Maron, Schwarz

Küken
- Kochlöffel Nr. 3, s. S. 4
- Moosgummi in Orange, Rot
- Wackelaugen, 7 mm Ø
- Acrylfarbe in Gelb

Vorlagen
C1 – C3

Tipp
Holzperle halbieren: Eine Spitze des kleinen Seitenschneiders in die Bohrung der Holzperle stecken und das Werkzeug zusammendrücken. Meist splittert das Holz schon bei geringem Druck.

Hasen

1 Ohren, Pfoten und Möhren nach den Vorlagen aus Moosgummi ausschneiden.

2 Die Kochlöffel mit verdünnter Acrylfarbe braun färben, trocknen lassen. Haare und Mund aufmalen.

3 Die Holzperle halbieren und zusammen mit Kokosfasern als Nase fixieren. Wackelaugen festkleben.

4 Mit dem Schaumstoffrest als Stempel helle Muster auf die Ohren tupfen. Die Flächen neben den Einschnitten übereinander kleben und die Ohren an der Rückseite des Kochlöffels fixieren.

5 Draht an den Pfoten befestigen und über einen Stift zur Spirale aufdrehen. Die Spirale fest um den Stiel des Kochlöffels wickeln. Beide Arme sollten gleich lang sein. Möhren an den Pfoten anbringen.

6 Bunte Stoffreste in Streifen schneiden und als Schleife umbinden.

Küken

1 Den Kochlöffel gelb bemalen. Kamm, Schnabel und Füße nach den Vorlagen ausschneiden.

2 Den Kamm an die Rückseite kleben. Schnabel, Wackelaugen und Füße auf der Vorderseite anbringen.

Garten-Engel

Material

- Kochlöffel Nr. 2, 7, s. S. 4
- Lederrest in Weiß
- Maisstroh in Gelb
- Textil-Streublumen
- Bindedraht, 0,65 mm Ø
- Ringschraube, vermessingt, 8 x 3 mm
- Stoffrest
- Acrylfarben in Weiß, Krapplack, Hellblau, Schwarz

Vorlage D

1 Die Flügel nach der Vorlage aus Leder ausschneiden. Die beiden Kochlöffel der Vorlage entsprechend zusägen. Am Kopf ein Loch für die Ringschraube vorbohren und die Schraube eindrehen.

2 Kleid und Gesicht farbig gestalten, trocknen lassen. Maisstroh bündeln und als Haare anbringen.

3 Kopf und Arme an die Rückseite des Körpers leimen. Flügel fixieren und einen Stoffstreifen als Schal umbinden.

4 Textilblumen mit Draht verbinden und die Enden um die Handgelenke des Engels wickeln.

Vögel

Abbildung & Materialangaben Seite 14/15

1 Jeweils den Stiel des Kochlöffels nach der Vorlage absägen. Flügel und Schnabel auf Fotokarton übertragen und ausschneiden.

2 Den Körper bemalen. Holzperlen halbieren (siehe Tipp Seite 10) und als Augen aufkleben. Flügel fixieren.

3 Das Loch für die Ringschraube vorbohren, die Schraube eindrehen und den Aufhängefaden anbringen.

GARTEN
ENGEL

Vögel

Material

- Kochlöffel Nr. 2, 3, s. S. 4
- Fotokarton in Gelb, Orange, Rot, Blau, Hellgrün
- Holzperlen in Dunkelblau, 5 mm Ø
- Ringschrauben, vermessingt, 8 x 3 mm
- Aufhängefaden
- Acrylfarben in Gelb, Orange, Rot, Grün, Blau

Vorlage E

Anleitung Seite 12

Blumen-Wichtel

Material

Für jede Figur

- Holzkugel, 40 mm Ø
- Silberdraht, 1 mm Ø
- Stoffrest

Wichtel in Gelb

- Kochlöffel Nr. 4, s. S. 4
- 4 Holzperlen in Gelb, 6 Holzperlen in Grün, 12 mm Ø
- Rest von Mohairwolle
- Acrylfarben in Weiß, Gelb, Rot, Grün, Schwarz

Wichtel in Rot

- Kochlöffel Nr. 3
- 8 Holz- oder Walzenperlen in Rot, 12 mm Ø
- Hanfreste
- Acrylfarben in Weiß, Rot, Schwarz

Vorlagen
F1 – F2

1 Die obere Rundung der Kochlöffel leicht abschmirgeln und begradigen, um Klebeflächen für die Holzkugeln zu bilden.

2 Die Kellen gelb bzw. rot bemalen. Die Stielansätze mit grünen Längs- oder roten Querstreifen verzieren.

3 Die Gesichter auf die Holzkugeln malen und die Kugeln jeweils auf den Scheitelpunkt des Löffels aufkleben. *Tipp:* Kugel und Holzlöffel eventuell mit Knetmasse abstützen, bis der Klebstoff abgehärtet ist.

4 Vier bis fünf Holzperlen auf Draht fädeln, den Draht einmal um den Hals der Figur wickeln und die Holzperlen des zweiten Arms aufnehmen. Beide Drahtenden kürzen, zur Schlaufe biegen und in die Bohrung der letzten Perle stecken.

5 Wolle oder Hanf bündeln und als Haare ankleben. Stoffstreifen schneiden und um den Hals binden.

Lustiger Clown

Material

- 2 Kochlöffel Nr. 2, s. S. 4
- Holzkugel, 40 mm Ø
- Ovale Holzfüße, 30/40 mm
- Holzperle in Rot, 10 mm Ø
- 2 Holzspatel, 110 x 10 mm
- 2 Holzknöpfe, 10 mm Ø
- Filz in Blau
- Rest von Fotokarton in Gelb
- Bindedraht, 0,65 mm Ø
- Rest von Silberdraht, 0,3 mm Ø, zum Abbinden der Schleife
- Federn in Orange
- Karo-Schleifenband, 5 mm breit
- Acrylfarben in Weiß, Rot, Hellblau, Schwarz

Vorlage G

1 Die Löffelstiele nach der Vorlage zusägen. Beide Kellen so zusammenleimen, dass die gewölbten Flächen außen sind. Mit Schraubzwingen zusammenpressen. Nach dem Trocknen die Rundung der Kochlöffel am Halsansatz mit Schmirgelpapier begradigen. Füße an die Stielenden leimen.

2 Den Clown der Abbildung entsprechend bemalen. Die Holzspatel auf etwa 80 mm kürzen, bemalen und Löcher in die Hände bohren. Als Arme an die Rückseite des Körpers kleben.

3 Das Gesicht auf die Holzkugel malen und eine halbierte Holzperle als Nase anbringen (siehe Tipp Seite 10). Federn als Haare aufkleben. Die Holzkugel fixieren.

4 Schleife mit Draht abbinden, zusammen mit Knöpfen und Hosenträgern fixieren. Den Umhang nach der Vorlage aus Filz ausschneiden (siehe Seite 5) und ankleben.

5 Nach der Vorlage einen Luftballon aus Fotokarton schneiden, beschriften und mit Draht an der Hand befestigen.

Herzlichen
Glück-
wunsch

Material

- Kochlöffel Nr. 2, 3, s. S. 4
- Moosgummi in Gelb, Orange, Grün, Schwarz
- Wackelaugen, 10 mm Ø
- Bindedraht, 0,65 mm Ø
- Holzknopf, 15 mm Ø
- Kokosfasern
- Stoffrest
- Acrylfarbe in Schwarz

Vorlagen
H1 – H2

Raben

1 Die Motivteile nach den Vorlagen aus Moosgummi ausschneiden (s. Seite 5). In die Kochlöffel Löcher für die Drahthaare bohren.

2 Die Kochlöffel schwarz einfärben. Schnabel und Augen aufkleben und die Flügel an der Rückseite fixieren.

3 Für beide Beine ein langes Drahtstück durch die Löcher in den Flügeln stecken, gleich lang ziehen und über eine Stricknadel zur Spirale wickeln. Füße anbringen.

4 An den Flügeln entweder das Schild oder den Flicken mit Knopf anbringen.

Wichtelbande

Abbildung & Materialangaben Seite 22/23

1 Die Viertelkreise der Mützen vom Vorlagebogen auf Filz übertragen (siehe Seite 5), mit der Zackenschere ausschneiden und überlappend zusammenkleben.

2 Die Gesichter aufmalen. Kokosfasern als Haare fixieren und die Mützen festkleben.

3 Schellen an Draht befestigen und die Drahtenden in die Spitzen der Mützen stecken.

4 Die Wichtel mit Flicken, Herzchen und Schals aus Stoff verzieren.

HALLO!

Wichtel-bande

Material

- Kochlöffel Nr. 1, 2, s. S. 4
- Filz in Gelb, Orange, Rot, Grün, Blau
- Kokosfasern
- Kleingemusterte Stoffreste
- Bindedraht, 0,65 mm Ø
- Schellen, 11 mm Ø
- Acrylfarben in Rot, Schwarz

Vorlagen
I1 – I2

Anleitung Seite 20

Blumen-Mädchen

Material

- 2 Kochlöffel Nr. 3, s. S. 4
- Holzkugel, 40 mm Ø
- Jutegewebe in Rot
- Ovale Holzfüße, 25/30 mm
- Holzhände, ca. 12/21 mm
- Aludraht, 2 mm Ø, ca. 29 cm lang
- Strickstrumpf in Gelb, 22 mm breit, 40 mm lang
- Reste von Fransenwolle in Gelb
- Metalleimer, ca. 60 mm hoch, ca. 60 mm Ø
- Acrylfarben in Gelb, Rot, Grün, Schwarz

Vorlage J

1 Die Löffelstiele nach der Vorlage zusägen. Beide Kellen so zusammenleimen, dass die gewölbten Flächen außen sind. Mit Schraubzwingen zusammenpressen.

2 Nach dem Trocknen die Rundung der Kochlöffel am Halsansatz mit Schmirgelpapier begradigen. Holzfüße an die Stielenden leimen.

3 Den Körper der Abbildung entsprechend bemalen. Blumen mit dem Pinselstiel auftupfen.

4 Die Holzkugel fixieren und nach dem Aushärten des Klebers bemalen. Haare aus Wollresten befestigen. Strickschlauch als Stulpen überziehen.

5 Die Enden des Aludrahts jeweils zweimal 1 cm lang umbiegen, mit der Zange zusammenpressen und fest in die Bohrung der Hände stecken. Die Drahtmitte einmal um den Hals der Figur wickeln.

6 Den Hut vom Vorlagebogen auf das Jutegewebe übertragen (siehe Seite 5) und ausschneiden. Den Viertelkreis zu einer spitzen Tüte drehen und zusammenkleben. Krempe überstülpen und beide Teile aufeinander kleben. Hut am Kopf fixieren.

Mäuse

Material

- Kochlöffel Nr. 1, 3, s. S. 4
- Fotokarton in verschiedenen Pinktönen
- Aludraht, 2 mm Ø
- Acrylfarben in Weiß, Schwarz

Vorlagen
K1 – K2

Tipp
Mäuse als Geschenkaufleger oder mit einer auf der Rückseite aufgeklebten Wäscheklammer als Zettelhalter verwenden.

1 Die Stiele der Kochlöffel der Vorlage entsprechend absägen. Löcher für die Schwänzchen bohren.

2 Die Ohren vom Vorlagebogen auf Fotokarton übertragen und ausschneiden.

3 Die Acrylfarben in Schwarz und Weiß zu einem hellen Grauton mischen und die Körper bemalen. Auge und Nase mit Schwarz aufmalen.

4 Für die Schwänzchen Aludraht anbringen und spiralenförmig aufdrehen.

Biene und Marienkäfer

Material

Biene

- 2 Kochlöffel Nr. 3, s. S. 4
- Holzkugel, 40 mm Ø
- 2 Holzhalbkugeln, 30 mm Ø oder ovale Holzfüße
- Holzhände, 12/21 mm
- 2 Holzperlen in Gelb, 10 mm Ø
- Aludraht, 2 mm Ø, 10 und 24 cm lang
- Filz in Gelb
- Federn in Gelb
- Acrylfarben in Gelb, Rot, Schwarz

Marienkäfer

- 2 Kochlöffel Nr. 2, s. S. 4
- Holzkugel, 35 mm Ø
- Passender Strohhut
- Ovale Holzfüße, 25/30 mm
- Holzhände, 12/21 mm
- Aludraht, 1,5 mm Ø, 20 cm lang
- Reagenzglas, ca. 11 cm hoch
- Kokosfasern
- Acrylfarben in Rot, Schwarz

Vorlagen

L1 – L2

1 Die Löffelstiele nach der Vorlage zusägen. Jeweils beide Kellen so zusammenleimen, dass die gewölbten Flächen außen sind. Mit Schraubzwingen zusammenpressen.

2 Nach dem Trocknen die Rundung der Kochlöffel am Halsansatz mit Schmirgelpapier begradigen. Holzfüße an die Stielenden leimen.

3 Biene oder Marienkäfer der Abbildung entsprechend bemalen und eventuell beschriften.

4 Die Holzkugel fixieren und nach dem Aushärten bemalen. Bei der Biene Federn und die Fühler aus Aludraht in die Öffnung einstecken. Holzperlen an den Fühlerenden anbringen. Beim Käfer Haare aus Kokosfasern und den Hut befestigen.

5 Die Enden des Aludrahts jeweils 1 cm lang umbiegen, zusammenpressen und fest in die Bohrung der Hände stecken. Den Draht einmal um den Hals der Figur wickeln, dabei beim Marienkäfer einen Arm etwas länger lassen und um das Reagenzglas biegen.

GLÜCKS
KÄFER

Weihnachtsmänner

Material

- 2 Kochlöffel Nr. 5, s. S. 4
- Kochlöffel Nr. 6, s. S. 4
- Holzperle in Rot, 5 mm Ø
- Märchenwolle in Weiß
- Ilexgirlande
- Schelle, 11 mm Ø
- Bindedraht, 0,65 mm Ø
- Acrylfarben in Krapplack, Schwarz

Vorlagen
M1 – M2

Großer Weihnachtsmann

1 Beide Kochlöffel nach der Vorlage zusägen und die Löcher bohren.

2 Augen, Mund, Mütze und Mantel aufmalen. Halbierte Holzperle als Nase ankleben (siehe Tipp Seite 10). Bart, Schnurrbart und Pelzbesatz aus Märchenwolle anbringen.

3 Arme und Körper mit Draht verbinden. Die Ilexgirlande zu einem kleinen Kranz legen, Schelle einhängen und das Kränzchen mit Draht zwischen beiden Armen befestigen.

Stecker

1 Spitze und Stiel des Kochlöffels einfarbig bemalen und das Gesicht ausgestalten. Halbierte Holzperle als Nase ankleben (siehe Tipp Seite 10).

2 Bart und Schnurrbart aus Märchenwolle ankleben.

Impressum

ISBN 3-419-56574-7

Lektorat und Produktion:
Elke Fox, Freiburg

Styling und Fotos:
Titelbild, Seite 4:
Roland Krieg, Waldkirch
Seiten 6 bis 31:
Christoph Schmotz, Freiburg

Layoutentwurf:
Network!, München

Coverrealisierung:
smp, Freiburg

Druck:
Freiburger Graphische Betriebe

Wir sind für Sie da, wenn Sie Fragen haben.
Und wir interessieren uns für Ihre eigenen Ideen und Anregungen.
Schreiben Sie uns, wir hören gern von Ihnen!
Ihr Christophorus-Team

Christophorus-Verlag GmbH
Hermann-Herder-Str. 4
79104 Freiburg
Tel.: 0761/2717-0
Fax: 0761/2717-352
e-mail:
info@christophorus-verlag.de
www.christophorus-verlag.de

Weitere Titel aus dieser Reihe

3-419-56543-7

3-419-56514-3

3-419-56535-6

3-419-56534-8

3-419-56541-0

3-419-56512-7